Zum Autor

Der Autor Hauke Manes-Wagner, geb. am 17.6.67, leitet verschiedene Seminare zur Prävention, arbeitet in Projekten der Suchtprävention und in Jugendzentren. Zurzeit arbeitet er in einer Schule als Lehrer, ist verheiratet und hat selbst drei Kinder.

Durch seine Arbeit mit Kindern ist es dem Autor wichtig pädagogisch wertvolle Geschichten zu schreiben, die das Selbstvertrauen und die Persönlichkeit der Kinder stärken und fördern.

Die Zeit, in der wir leben, bringt den Kindern Stress und Freude wird häufig reduziert. Des weiteren lässt eine äußere Überflutung an Reizen die Kinder kaum zur Ruhe kommen. Die inneren Bilder und Gefühle sind bei den Kindern zu selten im Mittelpunkt. Der Autor hat aus diesen Gründen Entspannungsgeschichten geschrieben, die dafür sorgen können, dass sich die Kinder in ihre „eigene Welt" zurückziehen können.

Der Autor hat bereits einige Sach- und Kinderbücher geschrieben.

Zur Künstlerin

Zitat der jugendlichen Illustratorin dieses Buches:
Ich hoffe, dass dies mein erster, erfolgreicher Schritt zur großen Künstlerkarriere ist. Das Zeichnen ist mein liebstes Hobby, ich verbringe fast jede freie Sekunde damit. Nun möchte ich gern meinen Beruf daraus machen.
Ganz speziell interessiert bin ich an Werbebranchendesign wie Kinoplakat- und Filmfigurenentwurf, Portraitzeichnen, Comics und natürlich Bücherillustration.
Meine Favoriten sind photographische Bilder, darunter Portraits, Science Fiction, Fabelwesen. Zudem bin ich ein großer Fan von Mittelalter, Gotik und Magie.
Meine liebsten Zeichentechniken sind Bleistift- und Farbstiftzeichnungen, die durch meine lange Übung und Erfahrung im Endergebnis sehr echt wirken.
Ich würde auch sehr gern die Kunst des Airbrushs erlernen, da man dadurch sehr hohe realwirkende Bilder und richtig strahlende, durchdringende Farben wie auch Licht erzeugen kann.
Wer von meinen Bildern begeistert ist, etwas damit anfangen kann oder mich sogar weiterempfehlen möchte, der möge sich bitte unter der
E-Mail-Adresse *Amee_@web.de* oder den Nummern *06184/64162* und *0174/6924710* melden.
Nun wünsche ich Ihnen noch viel Spaß mit diesem neuartigen Buch, das nach meiner Meinung für Kinder sehr gut gelungen ist und bedanke mich noch mal bei meinem Autor *Herrn Wagner!*

Liebe Eltern!

Sie finden in diesem Buch besondere Geschichten! Denn bei diesen Geschichten wurde darauf Wert gelegt, dass sie in ihren Inhalten und in ihren Aussagen pädagogisch wertvoll anzusehen sind und sich auf das Selbstbewusstsein der Kinder auswirken können.

Da die Geschichten auf Situationen eingehen, die die Kinder selbst erleben können, haben die Kinder schnell einen Bezug zu den Geschichten aufgebaut und haben das Gefühl, dass die Geschichten für sie selbst geschrieben wurden. Dadurch wird ein Interesse geweckt, das sich positiv auswirkt. Die Geschichten gehen auf Situationen ein, die sich die Kinder gut vorstellen können – dies bewirkt, dass die Kinder schnell ihre „Umwelt" vergessen, gedanklich die Geschichten verfolgen und sich entspannen können.

Die Geschichten eignen sich nicht nur zum Lesen sondern auch zum Vorlesen, Nachdenken und zum Weiterschreiben oder Weitermalen ...

Bei den Geschichten wurde beachtet, dass die Kinder selbst an den Geschichten teilnehmen können. So können die Kinder z.B. Bilder, die es zu den Geschichten gibt, ausmalen und so vervollständigen, wie sie es wollen. So wird aus jeder Geschichte eine ganz persönliche Geschichte!

Wir wünschen Ihnen viel Spaß und Freude mit den Geschichten!
Ihr **WAGNER VERLAG**
Wir haben **LEBENSACCESSOIRES**.

Erlebe deinen eigenen Sternenhimmel!
Phantasiereisen zur Entspannung für Kinder

von Hauke Manes-Wagner
Ein Buch vom **WAGNER VERLAG e.K.**

Umschlaggestaltung von B.R.Noll diggraf
Bilder von Denise Stichel

1. Auflage
ISBN 3-935232-06-3

Die Deutsche Bibliothek - CIP-Einheitsaufnahme

Ein Titeldatensatz für diese Publikation ist bei
Der Deutschen Bibliothek erhältlich.

Die Rechte für die deutsche Ausgabe liegen beim Wagner Verlag e.K.,
Wilhelm Schöffer Str. 10, D-63571 Gelnhausen.
© 2003, by Wagner Verlag e.K., Gelnhausen

Das Werk ist einschließlich aller seiner Teile urheberrechtlich geschützt. Jede Verwertung ist ohne Zustimmung des Verlages unzulässig und strafbar. Alle Rechte, auch die des auszugsweisen Nachdrucks und der Übersetzung, sind vorbehalten! Ohne ausdrückliche schriftliche Erlaubnis des Verlages darf das Werk, auch nicht Teile daraus, weder reproduziert, übertragen noch kopiert werden, wie zum Beispiel manuell oder mit Hilfe elektronischer und mechanischer Systeme inklusive fotokopieren, Bandaufzeichnung und Datenspeicherung.

Die Vervielfältigung dieser Unterlage und Verwertung ist nicht gestattet, soweit nicht ausdrücklich vom Wagner Verlag e.K. zugestanden. Zuwiderhandlung verpflichtet zu Schadenersatz.

Inhaltsverzeichnis

Liebes Kind!	Seite 8
Am Fluss	Seite 11
Am Strand	Seite 14
Auf dem Berg	Seite 17
Das Holzhaus	Seite 20
Der Mond	Seite 23
Die Höhle	Seite 26
Im Park	Seite 30
Im Wald	Seite 33
Am Meer	Seite 36
Rehe	Seite 39
Auf dem See	Seite 42
Sonnenuntergang	Seite 45
Sternenhimmel	Seite 48
Unter Wasser	Seite 51
Die Wiese	Seite 54
In der Wüste	Seite 57
Deine eigene Geschichte	Seite 60

Liebes Kind!

Zunächst möchte ich dich recht herzlich Willkommen heißen!

Ich freue mich darüber, dass du die Geschichten – die ich für dich geschrieben habe - miterleben willst.

Mache es dir zuerst einmal gemütlich, suche dir einen bequemen Platz, lege dich hin und hole dir – wenn du willst – etwas zum Essen und zum Trinken. Du kannst auch Bescheid sagen, dass man dich nun nicht stören soll und dass du nun deine Ruhe haben willst, damit du ungestört deine Geschichten erleben kannst.

Lese die Geschichten langsam, mache immer wieder Pausen und versuche dir vorzustellen was in den Geschichten beschrieben wird. Du kannst das Buch auch einfach beiseite legen, deine Augen schließen und anfangen zu träumen. Stelle dir zum Beispiel einfach deinen eigenen Sternenhimmel vor!

Dieses Kinderbuch kann aber noch mehr, viel mehr! Denn du findest hier Geschichten, die man nicht nur lesen kann ....

Du kannst - wenn du willst - die Geschichten und die Bilder mitgestalten!

Du kannst zum Beispiel die Bilder, die es zu den Geschichten gibt, so ausmalen und weitermalen, wie du es dir selbst vorstellst und wie du es am Besten findest.

Du kannst dir auch etwas zu den Geschichten ausdenken und unter die Geschichten schreiben oder malen. Wenn dir zum Beispiel zu einer Geschichte etwas Bestimmtes einfällt, dann kannst du es einfach zur Geschichte malen – ich habe dir dafür immer etwas Platz gelassen.

Das alles kannst du machen, wie du es willst.
Viel Spaß wünsche ich dir!

Dein Autor: Hauke Manes-Wagner

Übrigens:

Hast du weitere Ideen für Geschichten? Gibt es Geschichten, die ich noch schreiben sollte?

Dann schreib mir deine Ideen doch einfach, vielleicht kann ich dazu eine Geschichte schreiben, die dann im nächsten Kinderbuch veröffentlicht wird!

Hier ist meine Adresse: Hauke Manes-Wagner, Wilhelm Schöffer Str. 10, D-63571 Gelnhausen – eine E-Mail kannst du mir natürlich auch schicken: HaukeWagner@t-online.de

Ich freue mich auf deine Post!

Am Fluss

Du gehst an einem großen Fluss entlang, der durch ein Gebirge fließt. Sein blau scheinendes Wasser ist so klar und sauber, dass man daraus trinken könnte. Große und kleine Fische kann man erkennen, die am steinigen Boden nach Nahrung suchen.

Das Flussufer, an dem du entlanggehst, ist sandig und zum Teil mit weichem Gras bewachsen. Damit du den Boden besser spüren kannst hast du die Schuhe und Strümpfe ausgezogen. Deine Füße spüren den warmen Boden, und es macht dir Freude, ab und an deine Füße in das kühle Wasser des Flusses zu strecken. Du hörst gurgelnde Geräusche, die das Wasser des Flusses von sich gibt, wie geheimnisvolle Worte.

An einer Stelle mit einem großen Stein ruhst du dich aus. Du setzt dich auf den Stein, der von der Sonne aufgewärmt wurde und zum Teil ins Wasser ragt. An den Rand des Steines setzt du dich hin und lässt deine Beine im kühlen Wasser baumeln. Du beobachtest dabei das Wasser und erkennst bald, dass ein paar kleine mutige Fische, die im Wasserlicht rötlich wirken, in die Nähe deiner Beine gekommen sind.

Neugierig schauen sie auf deine Beine, doch nach einem kleinen Moment schwimmen sie weiter flussabwärts. Du siehst ihnen nach und lächelst dabei.

Am Strand

Du stehst in einer schönen großen Bucht auf einem weiten Strand und beobachtest das Meer, das vor dir liegt. Das Meer ist ruhig und es sind nur kleine Wellen zu sehen, die auf den Strand zukommen. Sie rollen den Strand langsam empor und versickern dann im weichen Sand.

Die Sonne scheint auf dich herab und erwärmt deinen Körper. Ihre Lichtstrahlen glitzern auf der Wasseroberfläche und lassen diese in einer goldenen Farbe glänzen. Dir gefällt das Glitzern der Strahlen auf dem Wasser und du bleibst einen Moment stehen, um dies zu beobachten.

Dabei spürst du den warmen weichen Sand unter deinen Füßen. Du bewegst deine Zehen und gräbst mit ihnen ein kleines Loch in den Sand. Dort fühlt sich der Sand etwas kühler an.

Nach einiger Zeit gehst du weiter, den Strand entlang. Dabei sind deine Augen auf den Sandboden gerichtet. Du findest auf deinem Weg einige schöne Muscheln, die rundliche Formen und helle Farben haben. Einige hebst du auf, um sie genauer anzusehen.

Auf dem Berg

Vor dir steht ein hoher Berg. Seine Bergspitze, die von Wolken umgeben ist, kannst du kaum erkennen. Du hast dir für den Aufstieg einen schmalen und schönen Weg ausgesucht. Er führt dich an bunt blühenden Pflanzen, die am Wegesrand wachsen, und an einem Fluss vorbei. Bald darauf kommst du an großen Felsen vorbei, die in der Landschaft liegen und seltsame Formen haben. Auf Deinem Weg nach oben bemerkst du, dass die Luft immer besser wird und dass du dich sehr wohl fühlst.

Du kommst sehr leicht - ohne dich anzustrengen - nach oben. Als du die Bergspitze erreicht hast und ganz oben auf dem Berg stehst, bist du von der schönen Aussicht begeistert. Unter dir liegt ein weites Tal. Einen Fluss, der sich durch das Tal schlängelt und kleine Häuser, die an einer Stelle des Flusses liegen, kannst du erkennen. Die Wiesenflächen siehst du in einem dunklen Grün. Du bist überrascht darüber, dass du so viele Dinge erkennen kannst.

Eine kleine weiße Wolke schiebt sich unter dir an dem Berg entlang und wird bald darauf leicht vom Wind über das Tal geweht. Du verfolgst mit deinen Blicken die Wolke, bis sie aus dem Tal verschwindet und nicht mehr zu erkennen ist.

Einige Vögel kannst du unter dir bei ihrer Nahrungssuche in der Luft beobachten. Ruhig und gelassen fliegen sie am Berg entlang, nur gelegentlich schlagen sie ihre Flügel, um wieder an Höhe zu gewinnen.

Du beobachtest einen großen Vogel mit breiten Flügeln, der in deiner Nähe fliegt, und stellst dir vor, wie du dich als Vogel fühlen würdest.

Das Holzhaus

Auf einer Wiese, am Waldesrand, steht ein altes Holzhaus. Du hast es schon oft von der Ferne aus gesehen. Es ist aus hellem Holz und hat große Fenster, die bis zum Boden reichen. Das Dach ist mit vielen Pflanzen bewachsen und ist daher von weitem kaum zu erkennen.

Heute gehst du, da du neugierig geworden bist, auf dieses alte Holzhaus zu, denn du willst es dir von der Nähe aus einmal ansehen. Langsam überquerst du die Wiese, die vor diesem Haus liegt und durch die schon lange kein Mensch mehr gegangen ist.

Wenige Meter vor dem Haus bleibst du stehen und betrachtest es mit neugierigen Blicken. Du erkennst am Boden dicke Holzbalken, die das Haus tragen. Darüber befinden sich kleine Balken, die liebevoll mit Seilen fest miteinander verbunden wurden und bis zum Dach reichen. Das Dach besteht ebenfalls aus zahlreichen

Holzbalken, die eng aneinandergereiht kein Wasser hindurchlassen.

Das Holzhaus wirkt stabil und einladend. Du gehst näher an das Haus heran und schaust vorsichtig durch eins seiner Fenster. Einen großen hellen Raum mit einem Tisch in der Mitte kannst du erkennen. Große Bücher liegen dort aufgeschlagen und eine abgebrannte Kerze steht daneben.

Du berührst mit deiner Hand vorsichtig und abtastend die Holzwand neben dem Fenster. Die angenehme Wärme des Holzes kannst du deutlich spüren. Das Holz ist glatt und fühlt sich weich an. Einen Augenblick bleibst du noch stehen und genießt die Ruhe, die an diesem Ort herrscht.

Langsam drehst du dich dann zur Seite und gehst, da du niemanden erschrecken willst, leise deinen Weg zurück.

Der Mond

Es ist Nacht und du beobachtest von deinem Fenster aus den Vollmond, der im Himmel klar zu sehen ist. Hell leuchtet er und ist – wie ein Ball - kugelrund. Du kannst ihn direkt ansehen, denn er blendet dich nicht.

Viele Wolken ziehen, durch den Wind getrieben, an ihm vorüber. Wenn sie vor den Mond geschoben werden, kannst du sie deutlich sehen. Langsam ziehen die Wolken am Himmel entlang und ihre Formen kannst du mit Hilfe des Mondlichtes gut erkennen.

Manchmal ist es nur eine Wolke und kurze Zeit später sind es wieder mehr Wolken, die vor dem Mond zu sehen sind. Du hast den Eindruck, dass jede Wolke einmal vor dem Mond erscheinen möchte. Sie drängen sich vor ihn, um von seinem Licht angestrahlt zu werden.

Der Mond scheint sich nicht zu bewegen. Ruhig steht er am Himmel und scheint auf dich herab. Dein Zimmer ist durch das Mondlicht hell erleuchtet, und das Licht des Mondes wirkt beruhigend auf dich.

Du schaust noch einmal zu ihm auf, schließt dann die Augen, um bald zu schlafen.

Die Höhle

Du gehst in einem Wald spazieren und kommst an einer hohen und steilen Felswand vorbei. Neugierig bleibst du stehen. Du schaust dir die einzelnen Felsen an, die vor langer Zeit aus der Wand herausgebrochen sind und nun auf dem Boden liegen.

Du gehst auf die Felsen zu und berührst sie mit deiner Hand. Kalt und hart fühlen sie sich an. Sie haben viele Ecken und Kanten und sind so schwer, dass du sie nicht bewegen kannst. Langsam gehst du um einen großen Felsen herum.

Hinter ihm bleibst du erstaunt stehen, denn vor dir siehst du einen kleinen Eingang in die Felswand.

Den Eingang konntest du vom Weg aus nicht sehen, da der Fels, der davor liegt, die Sicht versperrte. Du betrachtest dir den Eingang etwas genauer. Er ist halb zugewuchert und sehr klein und schmal. Wie weit es in die Felswand geht, kannst du nicht erkennen.

Da du eine Taschenlampe dabei hast, entschließt du dich, in den Eingang zu gehen. Die Sträucher, die vor dem Eingang wachsen, drückst du vorsichtig zur Seite.

Du machst dich ein wenig kleiner, damit du mühelos in den Eingang kommst. Das Licht der Taschenlampe zeigt dir den Weg. Leise, fast lautlos, bewegst du dich und kommst immer tiefer hinein.

Nach wenigen Schritten kommst du in eine große Höhle. Erstaunt bleibst du stehen. Das Licht Deiner Taschenlampe lässt unterschiedliche Steine erleuchten. Es sind Kristalle, die in der Höhle liegen und bunt, in verschiedenen Farben, leuchten und funkeln.

Du bleibst einen Moment stehen und schaust dir die leuchtenden Steine an. Nachdem du dich in der Höhle umgesehen hast, berührst du vorsichtig und zart die Kristalle. Dabei beachtest du, dass die Steine liegen bleiben und durch deine Berührungen nicht verrutschen, denn du erkennst, dass sie kostbar und wertvoll sind. Glatt und geheimnisvoll fühlen sie sich an.

Du freust dich darüber, dass du diese Höhle entdeckt hast und beschließt, dass du vorerst niemanden von deiner Entdeckung etwas verraten wirst.

Im Park

Du bist in einem großen Park und läufst gerade einen schmalen Weg entlang, der dich durch eine schöne Wiese führt. Verschiedene Blumen, große und kleine, wachsen auf dieser Wiese. Sie blühen in schönen Farben und du kannst erkennen, dass Bienen und Schmetterlinge ihre Blühten besuchen und sich auf ihnen ausruhen. Einige Blumen fangen an zu schaukeln, wenn ein Schmetterling sich auf ihnen niederlässt.

Du hast viel Zeit und bewegst dich daher mit langsamen gemütlichen Schritten vorwärts. Die Sonne scheint vom klaren blauen Himmel auf dich herab und sorgt dafür, dass du dich wohl fühlst. Es gefällt dir in diesem Park. Um dich herum ist es ruhig und friedlich, nur das Summen der Bienen ist zu hören.

Der Weg führt dich weiter, und du kommst an eine kleine Holzbrücke, die kunstvoll geschnitzt ist und über einen Bach führt. Im Bach fließt klares sauberes Wasser

und du kannst kleine graue Fische im Wasser erkennen, die miteinander Fangen spielen. Du bleibst auf der Brücke stehen und beobachtest einen Moment die jungen Fische bei ihrem Treiben.

In der Nähe der Brücke siehst du eine Bank und du entschließt dich, zu ihr hinzugehen. Die Bank steht nicht direkt am Weg, und du musst ein Stück durch die Wiese gehen, um zu ihr zukommen. Vorsichtig läufst du durch die Wiese und achtest darauf, dass du keine der bunten Blumen berührst. Schon nach wenigen Schritten hast du die Bank erreicht. Sie ist aus Holz, und es sieht so aus, als ob schon lange kein Mensch mehr auf ihr gesessen hat.

Du suchst dir einen Platz aus und setzt dich hin. Deine Beine streckst du so weit wie du kannst aus und schaust in den Himmel. Bequem ist es. Da die Sonne dich ein wenig blendet schließt du die Augen und stellst dir vor, was du in diesem Park noch alles sehen wirst.

Im Wald

Du läufst an einem sehr warmen Tag auf einen Wald zu. Du kennst den Wald, er ist dir vertraut. Als du den Rand des Waldes erreichst, spürst du die frische und kühle Luft, die aus dem Wald dir entgegenkommt. Du nimmst einen tiefen Atemzug und fühlst wie die Luft dir gut tut. In den Wald führt ein kleiner Weg, der sich um die großen Bäume schlängelt. Ein paar Schritte gehst du diesen Weg und bleibst dann stehen und schaust dich um.

Die großen Laubbäume, die um dich herumstehen, haben grüne Blätter, und es scheint dir, als ob sie mit ihren dicken Ästen fast in den Himmel ragen und die Wolken, die über sie hinwegziehen, berühren könnten. Die Blätter rascheln im Wind, und kleinere Äste bewegen sich leicht. Obwohl die Bäume fest verwurzelt sind, scheinen sie sich zu bewegen. Gespannt schaust du zu ihnen hoch. Eichhörnchen mit ihrem rötlichen Fell kannst du deutlich dort oben erkennen. Sie springen zwischen den Bäumen umher und versuchen, sich gegenseitig zu fangen.

Mit deinen Händen berührst du einen dicken alten Baum. Seine Rinde ist an manchen Stellen gewölbt und fühlt sich zum Teil sehr glatt an. Du spürst, dass die Rinde eine Schale für den Baum ist und sein Inneres schützt. Die Rinde hat durch das Wachsen des Baumes Risse bekommen und kleine Tiere wandern auf ihr empor. Du beobachtest, wie diese Tiere ihren Weg nach oben suchen und Hindernisse überwinden.

Der Wald wirkt beruhigend auf dich. Alles ist um dich herum ruhig und friedlich. Du fühlst dich wohl an dieser Stelle, in der Nähe des alten Baumes und bleibst noch lange stehen, um diese Ruhe zu genießen.

Am Meer

Du gehst an einem wunderschönen Strand entlang spazieren und spürst mit deinen Füßen den warmen Sand unter dir. Das Wasser des Meeres erscheint dir im Sonnenlicht grün zu funkeln und du erkennst durch das klare und ruhige Wasser Schildkröten, die auf den Strand zuschwimmen.

Einige Schildkröten kommen aus dem Wasser und laufen langsam den Strand entlang. Die Wasserperlen auf ihren großen und schweren Panzern glitzern im Licht. Sie kullern den Panzer hinab und landen im Sand. Nach wenigen Minuten ist dieses Schauspiel vorbei, denn die Sonne hat die restlichen Wasserperlen auf den Schildkröten verdunsten lassen.

Behutsam setzt du dich in den Sand und beobachtest diese Tiere. Du verhältst dich ganz ruhig und atmest leise. Einige Schildkröten schauen zu dir und bleiben stehen. Doch nach kurzer Zeit gehen sie weiter.

Zwei von ihnen laufen ganz nah an dir vorbei und bleiben in deiner Nähe stehen. Du siehst, dass sie die Wärme der Sonnenstrahlen genießen und dass sie vor dir keine Angst haben.

Noch lange schaust du den Schildkröten bei ihrem Weg zu und vergisst dabei die Zeit. Du genießt diesen Moment und freust dich über dieses Erlebnis, an das du noch lange denken wirst.

Rehe

Am Waldesrand, auf einer frisch gemähten Wiese, erkennst du bei einem Spaziergang drei Rehe, die vorsichtig ihren Kopf in den Wind halten. Sie wollen überprüfen, ob sie sich aus dem Wald wagen können. Du weißt, dass, wenn sie etwas riechen, was ihnen fremd ist, sie wieder im Wald verschwinden würden. Du bleibst daher stehen und bewegst dich nicht, denn du willst die Tiere nicht erschrecken.

Die Rehe bleiben geschützt am Waldesrand stehen und wagen sich erst nach wenigen Minuten ein paar Schritte aus dem Wald heraus. Vorsichtig nähern sie sich der Wiese. An einem Platz, der nicht weit vom Wald entfernt liegt, bleiben sie einen Augenblick stehen. Sie schauen sich vorsichtig um.

Da sie nichts Bedrohliches entdecken, gehen sie auf die Wiese zu und beginnen dort das frisch gemähte Gras zu fressen. Sie fressen in Ruhe und lassen sich durch die

Geräusche der Vögel, die aus dem Wald kommen, nicht stören.

Wenn sie an einem Platz nichts mehr zum Fressen finden, laufen sie langsam weiter, um sich einen neuen Futterplatz zu suchen. Dabei achten sie darauf, dass sie eng beieinander bleiben.

Nachdem du sie einen Moment beobachtest hast, gehst du leise und langsam weiter. Die Rehe bemerken dich aber dennoch, schauen zu dir und bleiben stehen. Doch nach kurzer Zeit, in der sie dich genau beobachtet haben, fressen sie weiter. Sie haben gemerkt, dass du es gut mit ihnen meinst und dass von dir keine Gefahr ausgeht.

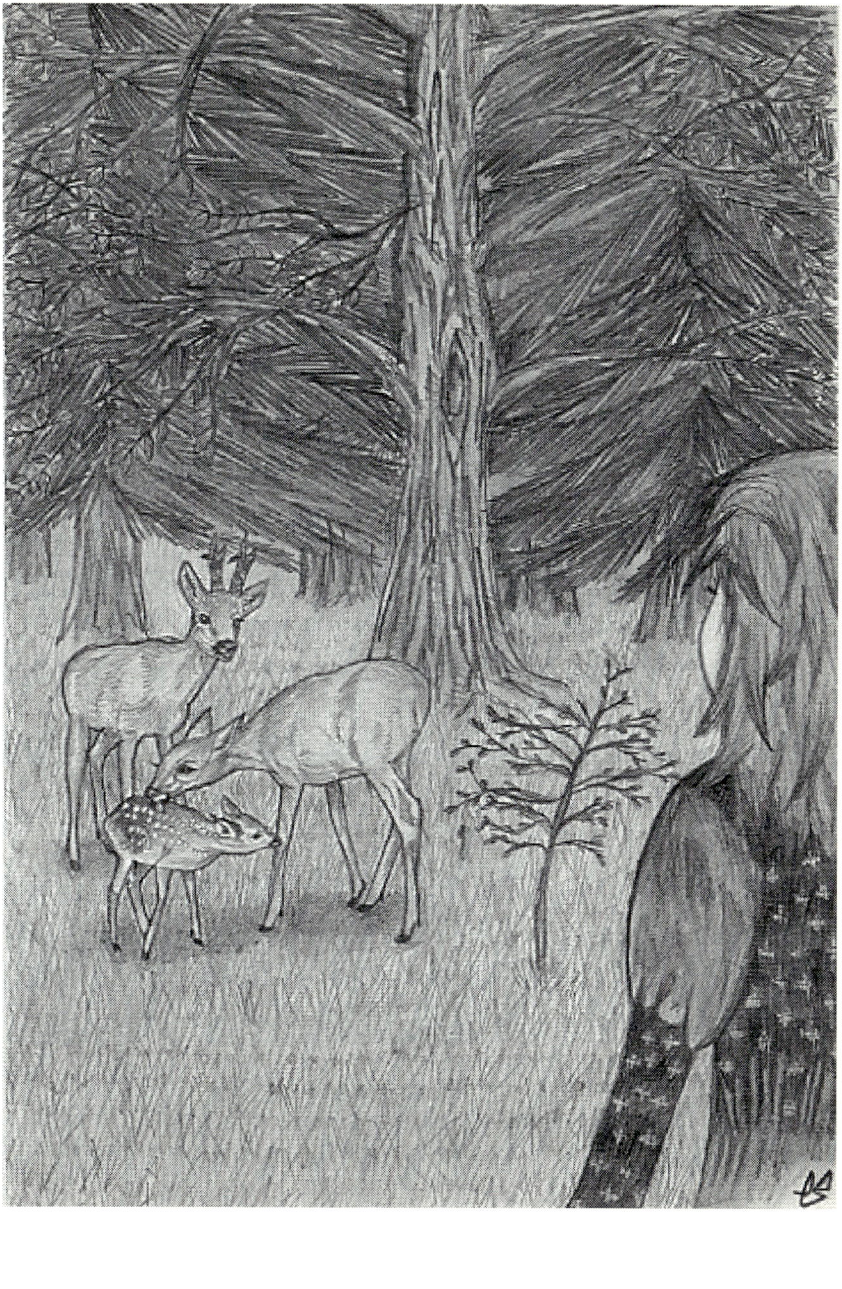

Auf dem See

Du ruderst auf einem kleinen See, der in einem Wald liegt. Das Boot, in dem du sitzt, ist gelb und hat blaue Streifen. Es ist aus Holz und gleitet so ruhig durch das Wasser, dass nur kleine Wellen entstehen. Dort wo die Wellen nicht hinkommen, ist die Wasseroberfläche glatt und das Sonnenlicht glitzert auf ihr. Es ist ruhig auf dem See. Du hörst nur das Plätschern des Wassers, wenn du deine Ruder im Wasser bewegst.

Einige Enten mit leuchtenden Farben schwimmen hinter deinem Boot her, einige kommen ganz nah heran und schauen dich neugierig an. Ihre frisch geputzten Federn glänzen im hellen Licht der Sonne. Auch einige Schwäne kommen mit ihren Jungen zu dir geschwommen. Sie kommen so nah an dein Boot, dass du sie fast berühren könntest.

Du fährst auf eine kleine Insel zu, die mitten im See liegt. Bald hast du sie erreicht und du entscheidest dich,

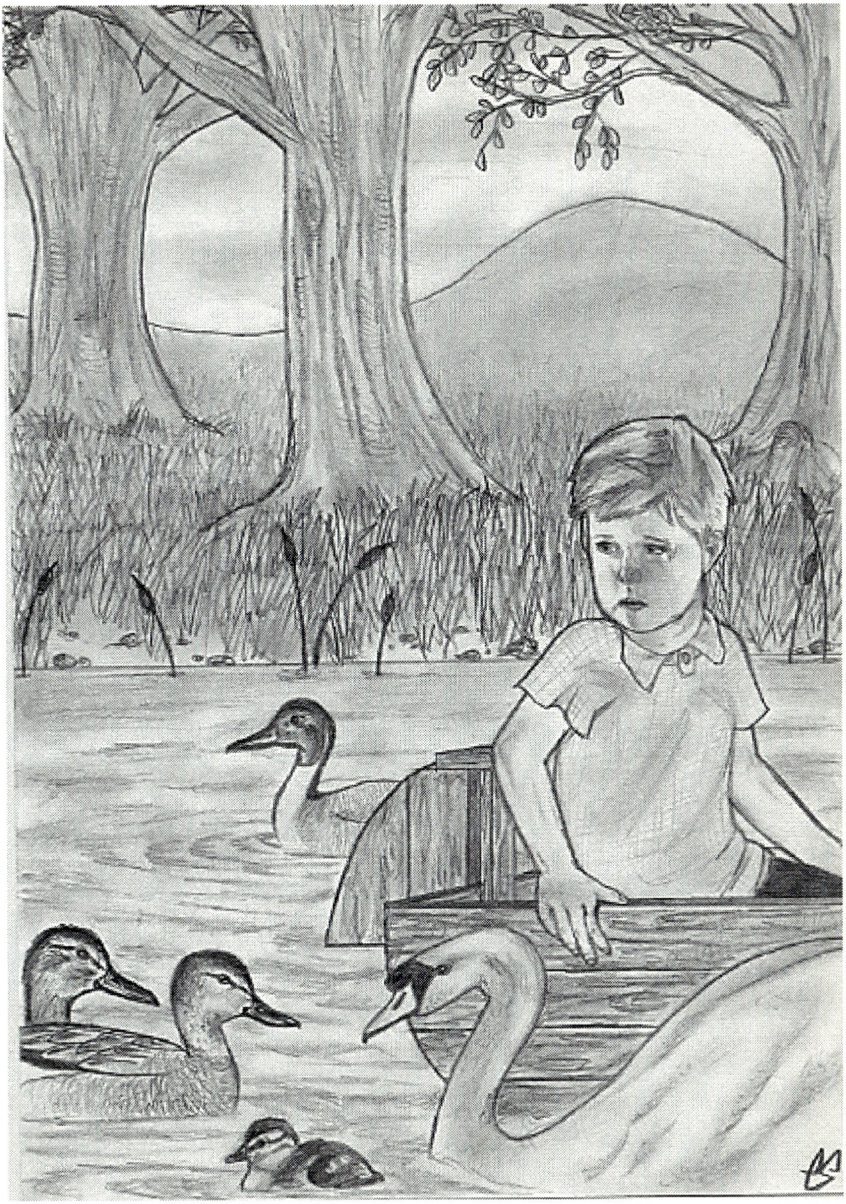

dort an Land zu gehen. Auf der Insel wachsen große Laubbäume, Hecken und viele Kletterpflanzen, die in lila, blau, weiß und gelb blühen. Es gefällt dir auf der Insel. Du suchst dir einen schönen Platz aus, von wo du den See und einen Teil der Insel überblicken kannst.

Du spürst an deinem Platz die Wärme der Sonnenstrahlen, die deinen Körper angenehm erwärmen. Die Wasseroberfläche, die du beobachtest, liegt ruhig vor dir. Bunte Vögel, die auf der Insel leben, sitzen in den Hecken, die in deiner Nähe stehen und singen in wunderschönen Tönen.

Du legst dich entspannt zurück, schließt die Augen und fängst an, von dieser Insel zu träumen.

Sonnenuntergang

Du sitzt an einem warmen Tag auf einem kleinen Hügel und schaust dir den Sonnenuntergang an, der ganz deutlich vor dir zu sehen ist. Du hast einen schönen Tag gehabt und freust dich darüber, dass du Zeit hast, dir diesen Sonnenuntergang anzusehen.

Die Sonne hat bereits den Horizont berührt und du beobachtest gespannt, wie die Sonne sich weiterbewegt. Langsam, ganz langsam, geht sie Stück für Stück unter und verschwindet immer mehr. Bald ist nur noch die Hälfte der Sonne zu sehen, und du merkst, wie es um dich herum dunkler wird.

Die Farben der Sonne empfindest du als besonders angenehm. Rot und Gelb kannst du deutlich in ihr erkennen. Die Wolken, die von den letzten Lichtstrahlen der Sonne angestrahlt werden, leuchten in diesen Farben und du hast das Gefühl, dass auch den Wolken – wie dir - diese Farben gefallen.

Inzwischen ist die Sonne weitergewandert, und es ist nur noch ein kleiner Teil von ihr zu sehen. Ihre Lichtstrahlen kannst du nun deutlich sehen und du spürst die Wärme Ihrer Strahlen in deinem Körper. Diese angenehme Wärme breitet sich in deinem Körper aus und gelangt überall hin. Du kannst sie deutlich spüren.

Mit dem Gefühl der Wärme in dir stehst du langsam auf und machst dich auf den Weg nach Hause, denn du möchtest das Gefühl der Wärme mit nach Hause nehmen.

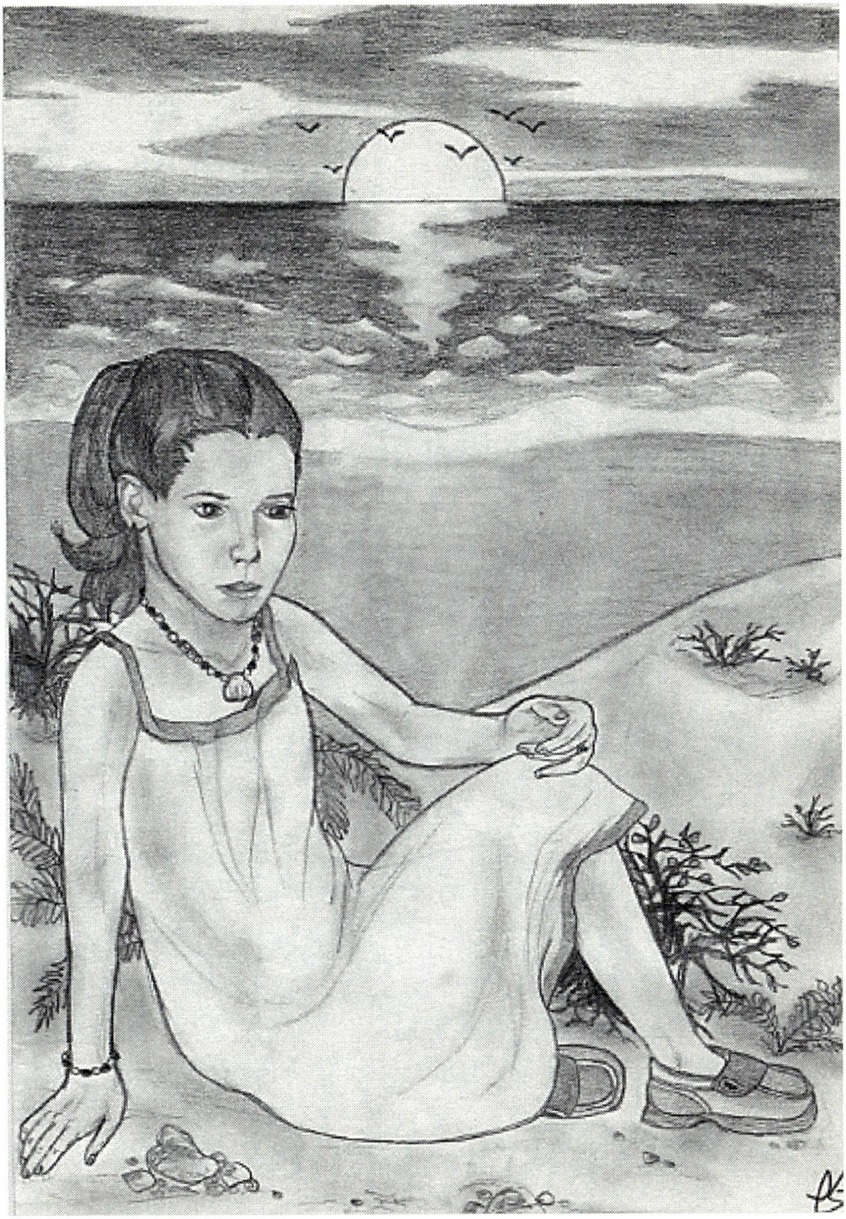

Sternenhimmel

An einem schönen Abend stehst du an einem großen Fenster und beobachtest den Abendhimmel. Die Sonne geht gerade unter und beleuchtet mit ihren letzten Strahlen den Himmel. Rot und orange leuchtet der Himmel über dir. Nur wenige Wolken, die wie Watte aussehen, kannst du am Himmel noch sehen.

Die Strahlen der Sonne lassen nach und langsam wird es dunkel. Du hast genügend Zeit und bleibst daher am Fenster stehen, um den Himmel weiter zu beobachten. Nach wenigen Minuten kannst du die ersten Lichtpunkte von den Sternen am Himmel erkennen. Erst siehst du nur einzelne, doch mit der Zeit werden es immer mehr.

Überall am Himmel erscheinen die bunten Lichter der Sterne. Hell leuchten sie und viele von ihnen leuchten, wenn man länger zu ihnen sieht, immer stärker. Einige liegen ganz dicht beieinander, so als ob sie sich berühren

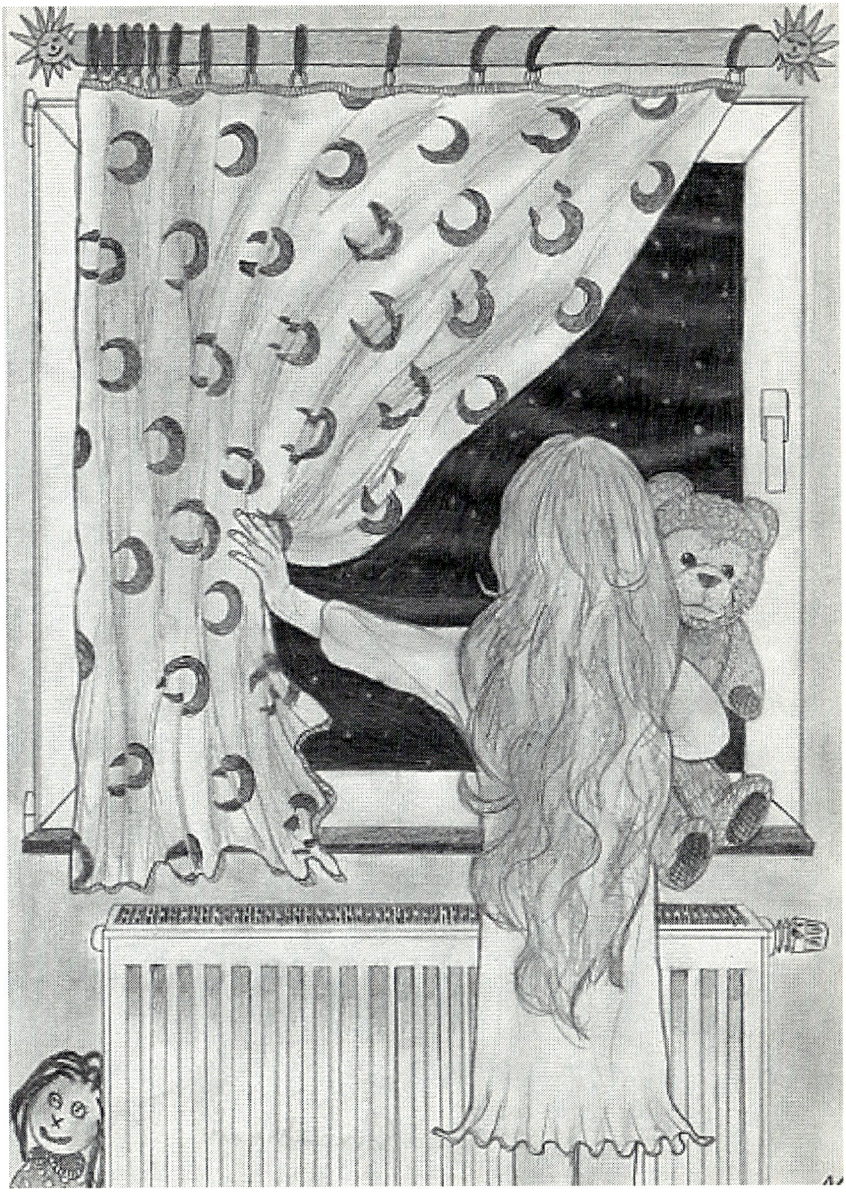

würden. Wenn man manche Sterne miteinander verbindet, kann man verschiedene Figuren erkennen.

Es macht dir Spaß am Himmel Muster zu zeichnen und dabei immer wieder neue Sterne zu entdecken. Du stellst dir vor, wie es für dich wäre, wenn du auf einem dieser Sterne landen und dort eine neue Welt entdecken würdest.

Unter Wasser

Du schwimmst in der Nähe eines Strandes in klarem Wasser. Das Wasser ist angenehm kühl und die Oberfläche ist glatt und ruhig. Du schwimmst auf einen großen grauen Felsen zu, der aus dem Wasser ragt. Vor dem Felsen holst du viel Luft, hältst den Atem an und tauchst in das Wasser ein.

Unter Wasser öffnest du deine Augen. Eine Welt voller Schönheit liegt vor dir. Fische in unterschiedlichen Größen und Formen schwimmen in Schwärmen zwischen grünen Pflanzen. Viele Fische sind blau und gelb gestreift, andere sind weiß und haben rote Muster auf ihrem Rücken. Friedlich schwimmen sie nebeneinander her.

Die Lichtstrahlen, die in das Wasser gelangen, beleuchten einige der Fische, sodass du von ihrer Schönheit begeistert bist. Du schwimmst weiter und erkennst auf dem sandigen Boden, in der Nähe des Felsen, rote Seesterne, die sich langsam auf den Felsen zu bewegen.

Ein Schwarm von kleinen bläulich schimmernden Fischen schwimmen auf die Seesterne zu und berühren sie sanft.

Du schwimmst weiter und kommst an großen grünen Pflanzen vorbei, die dich mit ihren Blättern berühren. Weich und zart fühlen sich die Blätter dieser Pflanzen an. Behutsam berührst du sie mit deinen Händen und schaust nach oben zur Wasseroberfläche.

Dort siehst du die Strahlen der Sonne glitzern. Langsam und ganz ruhig schwimmst du nach oben, um Luft zu holen, um dann wieder in die geheimnisvolle Welt abzutauchen.

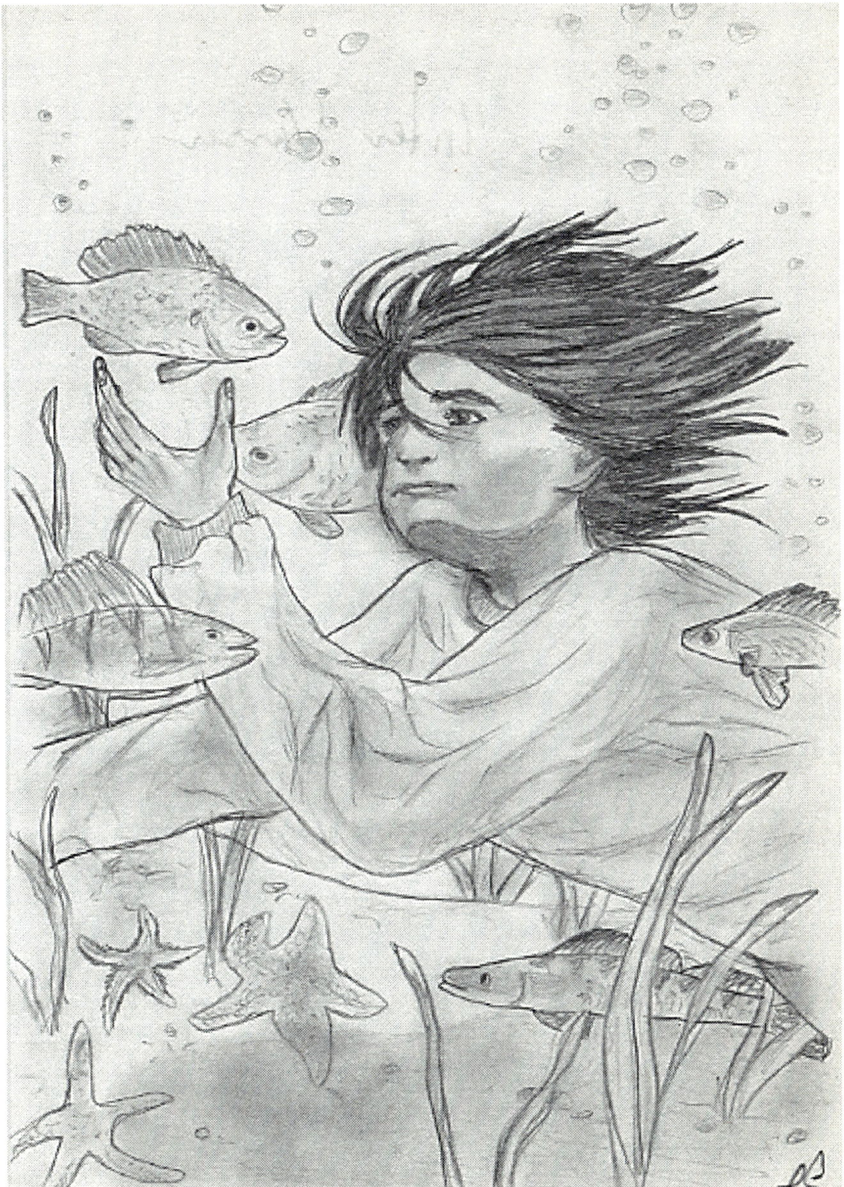

Die Wiese

An einem warmen Sommertag läufst du barfuß auf einer Wiese und spürst die weichen Gräser unter deinen Füßen. Es wachsen viele bunte Blumen mit großen leuchtenden Blüten auf der Wiese und ihren herrlichen Duft kannst du deutlich riechen. Dir gefallen die Farben der Blumen und du spürst, wie wohl du dich an diesem Ort fühlst. Es ist ruhig um dich herum, nur ein paar Bienen, die auf der Suche nach Nektar sind, summen in der Luft.

Du setzt dich an eine sonnige Stelle, fühlst mit deiner Hand den Boden und beobachtest die Blumen, die vor dir stehen. Ein Schmetterling, dessen Flügel blau und orange sind, lässt sich auf eine Blume nieder, deren Blüte rotweiß ist, und ruht sich von seinem Flug aus. Da du den Schmetterling nicht erschrecken willst, bewegst du dich kaum und schaust ihn dir etwas näher an. Deutlich kannst du seine Fühler erkennen, mit denen er die Blüte, auf der er gelandet ist, abtastet.

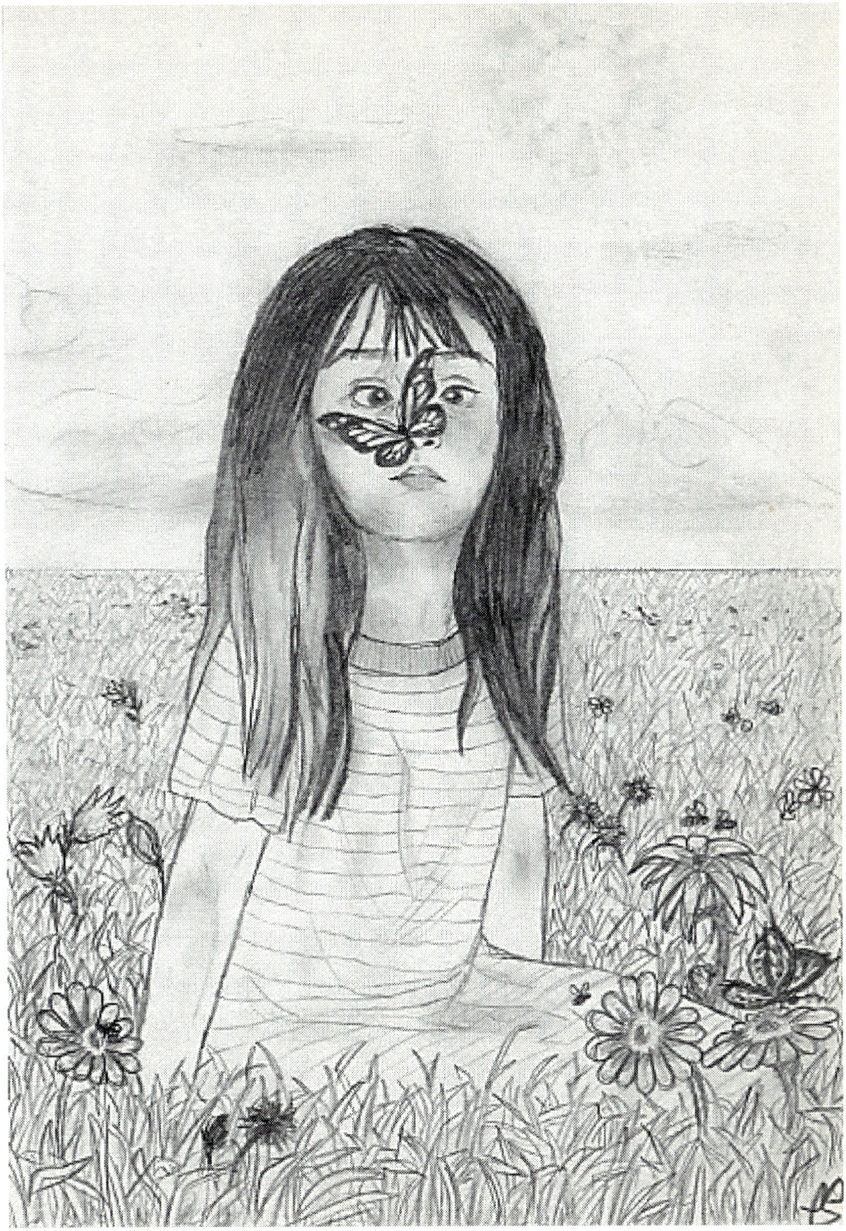

Nach einer Weile bewegt er seine bunten Flügel und beginnt zu fliegen. Er fliegt auf dich zu und berührt dich fast mit seinen Flügeln.

Als du ihn in der Ferne nicht mehr sehen kannst, legst du dich entspannt hin und schaust in den Himmel. Kleine Wolken, mit rundlichen Figuren, ziehen dort vorüber.

Du beobachtest die Wolken über dir und schließt langsam die Augen und fängst an, von dieser Stelle auf der Wiese, zu träumen.

In der Wüste

Du wanderst durch eine Wüste und kommst an eine große Wasserstelle. Palmen wachsen dort. Du nimmst dir ein paar reife Früchte von den noch kleinen Palmen und isst einige davon. Du berührst dabei mit deinen Füßen das kühle Wasser und siehst ein buntes, mit vielen Tüchern behangenes, sehr großes Zelt, das in der Nähe des Wassers steht. Die Farben der Tücher sind kräftig und leuchten im Sonnenlicht. Aus dem Zelt kommt eine schöne beruhigende und sanfte Musik.

Du gehst neugierig und langsam auf das Zelt zu und schiebst einige Tücher zur Seite. Die Tücher sind aus Seide und fühlen sich glatt und weich an. Ein Eingang mit goldenen Figuren liegt vor dir und ein freundlicher alter Herr bittet dich einzutreten. Du gehst in das Zelt hinein und kommst an kleinen Figuren vorbei, die aus Holz geschnitzt und in den Sand gestellt wurden. Einige Figuren schauen dich lächelnd an. Du fühlst dich wohl dabei und gehst mit ruhigen Schritten weiter.

In der Mitte des Zeltes erkennst du viele farbenfrohe Kissen, die um einen niedrigen Tisch herumliegen. Auf dem Tisch stehen Getränke in schmalen und hohen Gläsern. Die Gläser sind mit hellen Farben bemalt und zeigen verschiedene Tiere, die in der Wüste leben.

Du setzt dich auf ein weiches Kissen und greifst dir ein Glas. Vorsichtig nimmst du einen Schluck von dem Getränk, das sich in dem Glas befindet. Die Flüssigkeit ist kühl und wirkt erfrischend. Ganz entspannt lehnst du dich zurück, schließt die Augen und beginnst zu träumen.

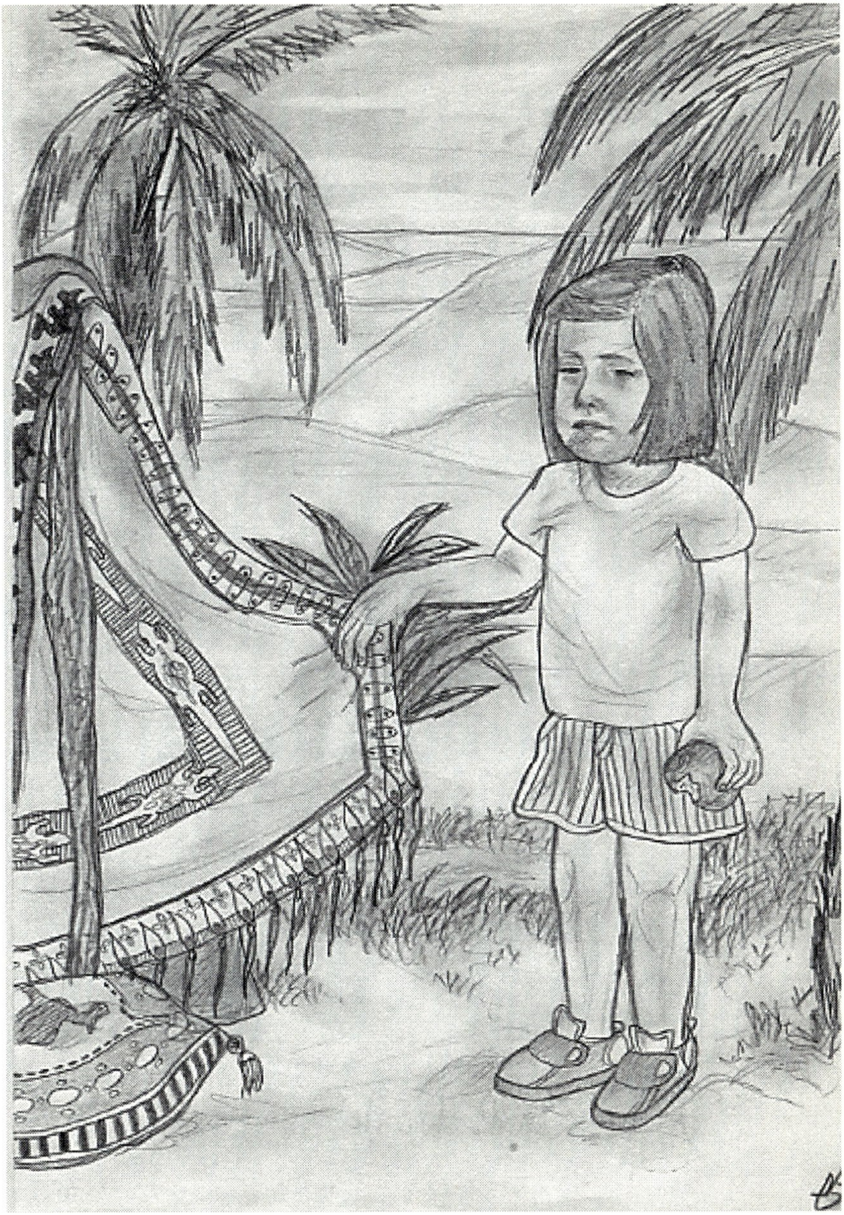

Deine eigene Geschichte

Hier auf diesen beiden Seiten hast du Platz für deine eigene Geschichte! Schreibe oder male eine Geschichte auf, die dir einfällt und auf die du Lust hast.

Viel Spaß dabei!

Liebe Kinder!

Für supercoole Kids ist unsere Internetseite (**wagner-verlag.de**) besonders interessant, denn die Mitarbeiter vom WAGNER VERLAG haben sich einiges einfallen lassen - lest Euch doch einmal die Ideen durch, es ist bestimmt etwas Interessantes für Euch dabei! Einfach einloggen - es lohnt sich! Vorher aber bitte die Eltern fragen!

- <u>Wollt Ihr, dass der Autor dieser Geschichten Euch eine eigene Geschichte schreibt?</u> Dann schreibt ihm doch einfach!

- <u>Ihr habt eine tolle Geschichte oder ein Gedicht für die Eltern, für den Opa oder für die Oma oder für einen Freund geschrieben?</u> Dann veröffentlicht doch den Text im Internet - der WAGNER VERLAG macht das für Euch möglich. Oder veröffentlicht doch einfach so einen Text - andere Kinder können ihn dann lesen und Euch anmailen, so können gute Mailfreundschaften entstehen! Na, worauf wartet Ihr noch? Für Kinder ist dies kostenlos!

- <u>Ein besonderes Lesezeichen, das es nur einmal auf der ganzen Welt gibt und auf dem ein Bild von Euch zu sehen ist, wird dort gezeigt!</u> - Der WAGNER VERLAG hat besondere für Euch hergestellt - und wenn ihr wollt könnt Ihr euer Passbild (oder ein anderes Bild) schicken - das wird dann verarbeitet - so entsteht ein einmaliges Lesezeichen! Ein tolles Geschenk für Eure Eltern, Großeltern oder Freunde - aber vielleicht wollt Ihr es ja auch einfach für Euch selbst behalten ...

- Wollt Ihr Euer Taschengeld aufbessern? Dann schaut doch einfach mal nach - vielleicht habt Ihr das eine oder andere Buch, das Ihr mit einer Kleinanzeige im Internet beim WAGNER VERLAG verkaufen könnt. Die Kleinanzeige ist kostenlos!

- Ein Gewinnspiel gibt es auf unserer Internetseite natürlich auch!

- Wann habt Ihr Geburtstag? Das wollen wir wissen, damit wir Euch eine Überraschung zum Geburtstag schicken können.

- Wenn Ihr Euch auf der Internetseite mit der ISBN 3-935232-05-5 eintragt, dann werdet Ihr per E-Mail informiert, wenn ein neues Kinderbuch herausgebracht wird. Eine Geschichte wird Euch dann kostenlos geschickt!

Nähere Informationen zu diesen Ideen findet Ihr auf unserer Internetseite www.wagner-verlag.de

Euer **WAGNER VERLAG**

(Wilhelm Schöffer Str. 10, D-63571 Gelnhausen)

Liebe Eltern!

Sie wollen besondere Geschenke, wie z.B. eine Geschichte für Ihr Kind?

Auf der Internetseite **www.wagner-verlag.de** erwarten Sie viele Überraschungen und Neuigkeiten sowie Hinweise zu den Seminaren, die wir Ihnen anbieten!

Gehen Sie auf Entdeckungsreise!

Sie werden sehen - wir haben uns einiges einfallen lassen.

Wir freuen uns auf Sie!

Ihr **WAGNER VERLAG**
Wir haben LEBENSACCESSOIRES.

Fantastido – das spannende Kinderbuch!

Die **pädagogisch wertvollen** Geschichten stärken auch in diesem Buch das **Selbstvertrauen** und die **Persönlichkeit** der Kinder.
Es handelt sich hier um weitere neue und abgeschlossene Geschichten, die für ihre **Praxisnähe** bekannt wurden.

Auch in diesem Buch befinden sich Geschichten, die man nicht nur lesen kann ..., denn sie eignen sich, da auch sie häufig mit einer Frage enden und in ihnen nicht alles verraten wird, zum Vorlesen, Nachdenken und zum Weiterschreiben oder Weitermalen.

Es wurde beachtet, dass die Kinder selbst an den Geschichten teilnehmen und über den Ausgang mitentscheiden können. So wird aus jeder einzelnen Geschichte eine ganz persönliche Geschichte!

Folgende Geschichten befinden sich in diesem Buch: Unheimlich ..., Gar nicht witzig!, Mitten in der Nacht ..., Der Nachbar, Ein Wal

Die Geschichten sind geeignet für Kinder im Alter von 3 bis 12 Jahren.

ISBN 3-935232-03-9   Ihr **WAGNER VERLAG**
70 Seiten für 11,90 Euro

Bestellungen sind im Buchhandel oder über Fax: 06051/8890025, per Postweg: Wilhelm Schöffer Str. 10, D-63571 Gelnhausen, E-Mail: HaukeWagner@t-online.de oder über www.wagner-verlag.de möglich.
Versandkosten tragen wir!

Mut-Mach Geschichten
Geschichten zum Weiterträumen!

Dieses Kinderbuch stärkt die Kräfte!

Der Autor arbeitet seit über 10 Jahren als Pädagoge mit Kindern in Kindergärten und Schulen und hat daher nicht nur die Gefühle und Wünsche der Kinder kennen gelernt, sondern auch wie man ihnen in bestimmten Situationen helfen kann. Diese Erfahrungen hat der Autor in seinen Geschichten miteingebaut.

Die Geschichten in diesem Buch stärken und fördern daher das Selbstvertrauen und die Persönlichkeit der Kinder.

Es wurde darauf geachtet, dass die einzelnen Geschichten **abgeschlossen** sind.

Die Geschichten sind geeignet für Kinder im Alter von 5 bis 12 Jahren.

ISBN 3-935232-05-5
70 Seiten für 11,90 Euro

Bestellungen sind im Buchhandel oder über Fax: 06051/8890025, per Postweg: Wilhelm Schöffer Str. 10, D-63571 Gelnhausen, E-Mail: HaukeWagner@t-online.de oder über www.wagner-verlag.de möglich.
Versandkosten tragen wir!